Este libro pertenece a:

Guía para amarte a ti misma

y vivir mejor tu adolescencia

Para Katie K., por estar tan loca como yo.
Para Katie S., por hacer todo lo posible
para mantenernos cuerdas.

Guía para amarte a ti misma

y vivir mejor tu adolescencia

Diane Mastromarino

V&R
EDITORAS

Dirección de arte: Trini Vergara
Diseño e ilustraciones: Raquel Cané
Edición: Lidia María Riba
Traducción: Nora Escoms
Colaboración editorial: Cristina Alemany

Agradecemos a Free Spirit Publishing, Inc. por "Una persona que padece un trastorno alimentario
puede...", extractado de TAKING CHARGE OF MY MIND & BODY, de Gladys Folkers, M.A. y Jeanne
Engelmann. Copyright © 1997 Gladys Folkers y Jeanne Engelmann. Todos los derechos reservados.
Ciertas marcas se utilizan bajo licencia.

www.libroregalo.com

Argentina: Demaría 4412 (C1425AEB) Buenos Aires
Tel./Fax: (54-11) 4807-4664 y rotativas
e-mail: editoras@libroregalo.com

MÉXICO: Avda. Tamaulipas 145, Colonia Hipódromo Condesa
CP 06170 - Delegación Cuhautémoc, México D. F.
Tel: (5255) 5211-5714 / 5211-5415
e-mail: editoras@vergarariba.com.mx

ISBN 987-1192-36-3

Impreso en Argentina por Mundial Impresos S.A.
Printed in Argentina

Mastromarino, Diane
Guía para amarte a ti misma
1ª ed. - Buenos Aires: Vergara & Riba Editoras, 2005.
64 p.; 22 x 15 cm.
Traducido por: Nora Escoms

ISBN 987-1192-36-3

1. Narrativa Estadounidense
I. Escoms, Nora, trad.
II. Título
CDD 813

Índice

de qué se trata...

Este libro quiere ser una guía para que te ames a ti misma. Debes haber escuchado muchas veces esta frase: "Es bueno quererse a uno mismo". Es verdad: quererse como nadie, mejor que nadie. Pero... ¿qué significa quererte a ti misma?

Quererte significa tener el coraje de ser única y de ser tú. Quererte significa saber lo genial que eres y no permitir que ningún individuo, lugar u objeto te impidan olvidarlo.

Quererte no es mirarte al espejo y sentirte satisfecha sólo el día en que los pantalones te quedan perfectos y ese corte de pelo te sienta genial. No es ponerte la ropa que usa todo el mundo aunque te resulte incómoda. Quererte no es privar a tu cuerpo de la nutrición que necesita porque quieres que quepa en cierto talle de moda. No es dejar a tus verdaderos amigos y simular ser alguien que no eres para poder estar cerca de quienes están en una onda especial.

No es correr en la cinta mecánica cuatro horas por día
ni beber diez litros de agua mineral sin haber desayunado.
Quererte no es seguir los sueños que tus padres crearon
para ti porque tienes miedo de herir sus sentimientos
o te da pereza perseguir los tuyos propios.

Quererte significa respetar tu mente, tu cuerpo y tu alma.
Significa saber quién eres y quién quieres ser. Significa tener
grandes sueños y desear hacer todo lo que esté
a tu alcance para asegurar su realización. Cuando te quieres,
la persona que eres te importa lo suficiente como para decir
no a las cosas que podrían hacerte daño o tener un efecto
negativo en tu vida. Esto significa pensar en los resultados
en lugar de actuar por impulso.

Quererte es informarte acerca de tu cuerpo y de cómo
funciona, y no tener vergüenza de preguntar cosas
que quieras saber. Significa esforzarte por crear relaciones
positivas con tus amigos y familiares. Significa no cambiar
para adecuarte a las necesidades de tu actual, ex o posible
futuro novio.

En realidad, quererte no tiene nada que ver con los demás.
Sólo tiene que ver contigo misma.

9

SÉ REALISTA

Búscate AMIGOS reales que te quieran como eres
y que no estén contigo por la ropa que llevas o el chico
con quien sales. Hazte un ESTILO personal, que defina
lo que eres; no robes el estilo de otra para ser aceptada
en un grupo o para parecer genial. SÉ REALISTA acerca
de tus SUEÑOS: tú debes CREARLOS y perseguirlos.

Busca ACTIVIDADES que QUIERAS hacer... que te hagan
FELIZ. Sé realista sobre tu cuerpo; sé lo MEJOR que puedas
en lugar de tratar de parecerte a un ideal absurdo.
Sé realista sobre la vida; es tuya. NUNCA LO OLVIDES.

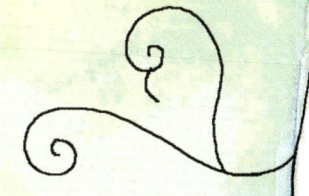

ponte cómoda

La comodidad es algo que debes buscar en la vida.
No me refiero a usar camisas amplias y pantuflas rosas.
Me refiero a sentirte cómoda con la persona que eres,
con el rumbo que estás siguiendo, las metas que
te has fijado y el camino que eliges para alcanzarlas.

Si vas por ahí con un nudo de nervios en el estómago
o te sientes inquieta de la cabeza a los pies (o en cualquier
punto intermedio), estás muy lejos de sentirte cómoda.
Necesitas descubrir qué te hace sentir así y cambiarlo.
Cuando adoptas una actitud realista, sientes confianza
porque sabes que eres una chica fuerte, independiente
y poderosa, que toma sus propias decisiones y elige
el camino que quiere seguir.

PARA TENER EN CUENTA:

1) El color del cabello de la chica que se ve en la caja del tinte no
refleja en absoluto el color que tendrá tu pelo si lo usas. 2) El solo
hecho de que muchas se hayan vuelto pelirrojas no implica que tú
también debas serlo.

ser tú misma
siempre está de moda

Ser una misma no es una moda pasajera, siempre está
de moda porque define quién eres.
No tienes por qué sentirte presionada para verte de cierta
manera. Sí, ya lo sé... es más fácil decirlo que hacerlo.
Lo cierto es que, cuando se trata de moda, hay estilos
que sientan mejor en algunas chicas que en otras,
pero la ropa que elijas ponerte debería reflejar la clase
de persona que eres.
Tienes tu propio tipo de cuerpo y tu propio sentido
de la elegancia. Une esas dos cosas y crearás un guardarropa
genial diseñado especialmente para ti, por ti. No hay nada
mejor. Cuando eres 100% tú misma, puedes andar
por la calle y sentirte orgullosa y segura. Estás genial,
te sientes cómoda y te ves espléndida. Si eso no es estilo,
entonces no sé qué es...

PARA TENER EN CUENTA:

1) No es muy sexy ponerte algo muy escotado y después estar
con los brazos cruzados porque te da vergüenza mostrarte así.
2) A veces, cuando tu madre te aconseja acerca de tu vestimenta,
en realidad, sabe lo que dice.

quiéreme (por mí)
o no me quieras

De modo que tienes a cierto chico en mente y,
por supuesto, quieres que te preste atención. La cuestión es:
¿cómo lo consigues? Puedes pasearte con ropa
muy provocativa, con la esperanza de que se fije en ti...
pero lo más probable es que él te crea un tipo de chica
que no eres y estarás en problemas. Puedes dejar a tus amigos
para salir con el grupo de él, pero tarde o temprano
acabarás por perder a los amigos de verdad. Puedes
seguirlo a todas partes y venerar el suelo que pisa, pero
lo más probable es que así, él acabe por menospreciarte.
Aun cuando con alguno de estos actos logres conseguir
que te mire, sin duda no será la clase de mirada que perdura.

La mejor manera de lograr su atención consiste
en no suplicarla. Cuanto más te diviertas y cuanto menos
parezca importarte, más probable será que empieces
a importarle. No le confieses tu amor, pero sí hazle saber
que estás ahí. Sé tú misma y, si le gustas así, muy bien.
Si no le gustas, él se lo pierde. Con esta manera de enfocar
las cosas puedes conseguir al chico de tus sueños y,
al mismo tiempo, ser fiel a ti misma.

amistad verdadera

Los verdaderos amigos te quieren por lo que eres. Respetan tus opiniones y creen en tus sueños. No te juzgan por tu aspecto, ni por tu popularidad, ni por el chico con quien sales. Conocen cada detalle sobre ti y aun así les agradas. Los verdaderos amigos están contigo para celebrar los días felices y consolarte en aquellos no tan buenos.

Valora a tus verdaderos amigos.
No pierdas el tiempo con personas que no te respetan
o no te escuchan de verdad cuando les hablas.
Pon el 100% de ti en amistades verdaderas
y no te dejes engañar por quienes te ofrezcan menos.

tu peor enemiga

No es cosa fácil tener confianza. Sí, puedes culpar
a tus padres, a tus profesores y a cualquiera que te presione
demasiado y tenga para ti expectativas muy elevadas.
Puedes decir que por culpa de ellos no te sientes tan segura
en estos días. Pero lo más probable es que haya alguien más
que debería asumir una cierta responsabilidad
en este tema... y esa persona eres tú.

La mayor parte del tiempo puedes ser tu peor enemiga
sin siquiera darte cuenta. Esperas mucho de ti, en lo físico,
mental y espiritual. Te miras al espejo y te destrozas porque
te ves o actúas de cierta manera. Te comparas con otras
personas y te dices constantemente que no estás a su altura.
¿Cómo podrías sentirte segura con tantas críticas?

En lugar de compararte con las personas que te rodean,
tómate tiempo para descubrir las cosas que te gustan de ti.
Todas las mañanas, piensa en un motivo más para alegrarte
de ser como eres, y recuérdalo durante todo el día.
No te dejes desanimar por nadie y menos aún por ti misma.
La autoestima te hace sentir muy bien. No lo creas sólo
porque yo lo digo. Pruébalo tú misma.

PARA TENER EN CUENTA:

1) Decirte que no sabes hacer bien alguna cosa, no te ayudará
a hacerla mejor. 2) Repetirte que estás gorda, no te ayudará a
adelgazar. 3) Decirte que hiciste un buen trabajo y que estás orgullosa
de ti misma, sin duda, te hará sentir muy bien.

elógiate

Cada día, aunque no te des cuenta, haces algo que merece
elogios. Puede ser que el mundo no siempre lo note,
pero quien debe notarlo eres tú, no el resto. No esperes
que los demás reconozcan todo lo que haces. Todos están
ocupados en sus asuntos y buscando, a su vez,
el reconocimiento ajeno. Tú quieres distinguirte de ellos.

Al final de tu día, tendrías que ser capaz de nombrar
al menos una cosa que hayas logrado y de la que estés
orgullosa. Con un detalle grande o pequeño, has marcado
una diferencia y, si eso no es razón suficiente
para llenarte de confianza en ti misma, ¿qué lo es?

PARA TENER EN CUENTA:

1) Quedarte con un perfume gratis porque la cajera olvidó marcarlo no
merece elogios. 2) Volver a la tienda y pagarlo, sí.

Sé activa

Muchas actividades están asociadas con estereotipos.
Por ejemplo: "Sólo las tontas estudian o se esfuerzan por
mejorar las calificaciones". Esto no es verdad.
Lo que sí es cierto es que las chicas de hoy desarrollan
todo tipo de actividades. Si las haces divertidas,
verás que te aportan maravillosas amistades, contribuyen
a elevar tu autoestima e incluso alivian el estrés.

Elige en qué actividades participar teniendo en cuenta
tus propios gustos e intereses. Si no sabes con exactitud
cuáles son, prueba varias cosas para averiguar qué te sale
bien y, lo que es más importante, qué te hace feliz.
Por lo tanto, ¡corre, aprende, experimenta, crea, canta,
actúa, salta, cose y baila hasta que encuentres en ti
una persona mejor, más activa y participativa!

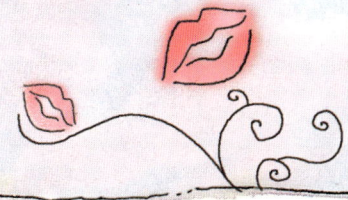

ALGO LLAMADO CONFIANZA...

Ten CONFIANZA. Parece muy sencillo, pero ser capaz de sentirte absolutamente CÓMODA con lo que eres, con tu ASPECTO, con lo que sabes, con las personas a quienes conoces... no es nada sencillo.

Tener CONFIANZA significa que te sientes bien contigo misma POR DENTRO Y POR FUERA. Significa que te sientes cómoda en tu propia piel. Significa que cuando despiertas por la mañana y te miras al espejo, estás CONFORME con la persona que ves (a pesar de la cara de sueño, claro). Y por la noche, cuando te acuestas a dormir, realmente te sientes BIEN por dentro.

confianza vs. vanidad

A ver, déjame adivinar... te preocupa la posibilidad de que,
si tienes demasiada confianza en ti misma, la gente piense
que eres vanidosa. Lo cierto es que hay una enorme
diferencia entre tener confianza y ser vanidosa.
Tener confianza en ti es reconocer tu valor y enorgullecerte
de lo que eres y de las cosas que haces. Esto no debe
confundirse con el hecho de andar por ahí con la nariz
hacia arriba, jactándote de ser perfecta.

La confianza se trata, en realidad, de cómo te sientes
respecto de ti misma. El solo hecho de que tengas
confianza no significa que todo siempre te saldrá bien.
Una chica segura de sí misma puede ponerse nerviosa
cuando habla frente a un grupo de personas;
o quizá le suden las manos cuando el chico que le gusta le
pregunta algo. Pero esa chica sabe que tiene
la capacidad de ahuyentar esos nervios y recomponerse
de la mejor manera posible.
Sabe que puede hacer cualquier cosa que se proponga
y cree en sí misma.

agradecer

¿Cuántas veces te han hecho algún cumplido y buscaste
una razón para no aceptarlo? Contestas diciendo
que te ven mejor por la ropa nueva. O tal vez te sonrojas
en medio de un silencio incómodo. Debes recibir
un cumplido como lo que es: alguien se tomó el tiempo
de observar algo especial en ti y te lo dice.

La próxima vez que te alaben, di "gracias"
con orgullo y guárdalo para los días en que tu ego necesite
una dosis extra. No respondas a los cumplidos
en forma negativa, como si no fueran gran cosa.
Son una gran cosa. Son regalos de energía positiva
que necesitas para quererte un poco más.

sé sabia

Ser inteligente es un ingrediente esencial para tener
confianza en una misma. No digo que te encierres
en tu cuarto a leer una enciclopedia. Pero piensa cuánto
mejor te sentirías contigo misma si pudieras participar
en cualquier (bueno, en casi cualquier) conversación
con un poco más de conocimiento.

Es fácil conformarte con lo que sabes, pero ¿qué tiene
de divertido? Ponte en situaciones que te ayuden
a expandir lo que sabes. Elige un libro
que normalmente no leerías. Habla con alguien que
provenga de un contexto familiar o cultural distinto
del tuyo. Plantea preguntas. No te avergüences
de no saber las respuestas. Aprende todo lo que puedas.
Te alegrarás de haberlo hecho.

di la verdad
(aunque sea la tuya)

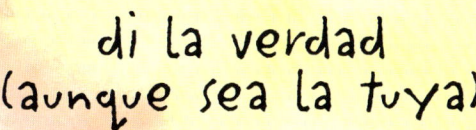

Casi todos almacenamos conocimientos
en nuestras cabecitas pero, cuando llega el momento
de usarlos, nos echamos atrás. Confía en lo que sabes
y compártelo con los demás. No te preocupes:
no te tildarán de rara por saber lo que pasa hoy en el mundo
o lo que sucedió muchos años antes de que nacieras.

Tal vez, cuando no te sientes segura, crees que es mejor
callar que decir algo equivocado. Quizá temes
que los demás se rían de ti si cometes un error.
Pero es probable que muchos de ellos estén pensando
lo mismo y, si tú hablas, todos habrán aprendido algo nuevo.

Tener confianza no siempre es tener razón. Es sentirte
lo suficientemente bien contigo misma como para compartir
tus pensamientos e ideas con quienes te rodean.

PARA TENER EN CUENTA:

1) Cuando creas saber la respuesta en clase, arriésgate, levanta
la mano y dila. 2) Si no lo haces, pasarás el resto de la clase, o incluso
el resto del día, arrepintiéndote después de escuchar a un compañero
dar la respuesta correcta que tú sabías.

LOS SENTIMIENTOS
Y CÓMO MANEJARLOS

Últimamente tus EMOCIONES no están muy equilibradas.
Ayer lloraste porque alguien te miró de un modo extraño
y hoy sientes que sólo quieres quedarte en cama y cerrar
tu puerta al mundo. Las cosas son para ti más confusas
de lo que solían ser. Algunos días quieres acurrucarte
en el regazo de tu madre y que te cuente un cuento
para dormir. Otros días quieres hacer lo que te venga en gana,
cuando te venga en gana y que nadie te diga lo contrario.
Y justo cuando piensas que estás totalmente LOCA,
comienzas a sentirte BASTANTE BIEN otra vez.

¿Crees que estos son los primeros síntomas de un
desequilibrio psicológico sin retorno? No. Nada de eso.
Esta MONTAÑA RUSA emocional es absolutamente NORMAL.
Lo que debes hacer es aprender a CONDUCIRLA.

montaña rusa emocional

Estás creciendo y tu cuerpo está dando un giro de 180°
(sin tu permiso, claro). Experimentas cambios que pueden
agradarte o no. Tus estados de ánimo cambian
de un momento a otro y muchas veces te sientes
abrumada y fuera de control. No te preocupes...
es completamente normal.

A veces te molesta mucho algo que, algunos meses atrás,
ni siquiera habrías notado. Quizá se te llenan los ojos
de lágrimas sin motivo, o las cosas que antes te hacían feliz
ya no lo hacen. Estás pasando por muchas transformaciones,
algunas de las cuales puedes ver y otras, no.
Te da miedo crecer, sentir que todo cambia y saber
que no tienes otra opción que aceptarlo. Es lógico que
te sientas así, pero no te guardes todo adentro. Aunque
a veces no te lo parezca, recuerda que estás a cargo
de lo que sientes, y no al revés.

PARA TENER EN CUENTA:

1) Cuando no controlas tus emociones, se acumulan y lo más probable
es que entren en erupción en el momento menos indicado. 2) Si el
momento menos indicado resulta ser el funeral de la tía abuela
de tu novio, desearás haberte ocupado antes de lo que sentías.

tú, tú y tú

La única persona en tu vida que te conoce mejor que nadie,
que siempre estará de tu lado y jamás te abandonará, eres tú.
Eres la única que sabe cuándo estás mal y cuándo
tu confianza en ti misma se desmorona. Sólo tú sabes
con exactitud lo que necesitas escuchar para volver
a encaminarte y a sentirte la supermujer que eres en realidad.

El poder que tu mente puede tener sobre ti, tanto
en lo emocional como en lo físico, es increíble. No importa
la situación: ya sea algo tan pequeño como aprobar un examen
o tan grande como hacer una presentación delante
de un auditorio, si puedes convencerte de que te irá bien,
así será. La mejor manera de manejar tus emociones es asumir
el control sobre ellas. Si tienes que salir de una habitación
para tener una charla contigo misma, hazlo. Haz lo que sea
preciso para darte la fuerza que necesitas.

PARA TENER EN CUENTA:

1) Respirar profundamente te ayuda a serenarte para poder pensar
en forma racional y asumir el control de tus emociones. 2) Respirar
profundamente también impide que te desmayes mientras cantas
como solista en un acto académico, delante de profesores, padres
y compañeros.

Zzz

el factor miedo

Todo el mundo se asusta alguna vez. Es así, no importa
tu edad ni lo fuerte que puedas ser. Algunos tienen miedo
de cosas tales como la oscuridad o a volar en avión.
Otros tienen miedo de hablar en público
o de que el profesor les pregunte algo en clase.
El miedo es una emoción normal y sana.

Cuando sientes miedo, quizá se te acelere la respiración,
te suden las palmas de las manos y creas que tienes
mariposas en el estómago. Incluso es probable
que te sientas mareada o te duela algo. Estas cosas pasan
porque tu cuerpo está preparándose para enfrentar
la situación que te provoca miedo.

Es normal tener miedo, pero no deberías sentirlo todo
el tiempo ni permitirle que te dificulte llevar a cabo
tus actividades cotidianas. Si te asustas con mucha frecuencia,
deberías comentarlo con tus padres o con un profesor.
Quizá algún especialista te indique un tratamiento
para superar el temor.

Zzz

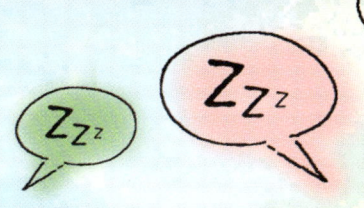

la pereza es mala consejera

No esperes sentirte 100% bien todo el tiempo. A nadie
le pasa. Siempre habrá días en que te sientas decaída.
Puede ser porque algo no resultó como querías,
o por ningún motivo en especial. Todos tenemos "esos días
en que quisiera quedarme en la cama todo el tiempo".
Lo irónico es que esto es lo último que hay que hacer:
hibernar entre las sábanas.

Por difícil que te resulte, debes levantarte (es una orden).
Date una ducha, ponte tus zapatos preferidos y sal de
tu casa (esto también es una orden). Sal con amigos o sola,
lo importante es que salgas. Es probable que aun así
no llegues a sentirte bien, pero disimula. Sonríe mucho
y simula divertirte. Esfuérzate por ser sociable, especialmente
en aquellos momentos en los que te sería más fácil estar
sola. Si te obligas a salir, es muy probable que no tengas
que fingir por mucho tiempo.

PARA TENER EN CUENTA:

1) Aunque te sientas mal, la vida continúa fuera de tu dormitorio.
2) Está en ti elegir si participas en ella o no. 3) Dentro de diez años,
cuando recuerdes estos momentos, desearás haber participado.

Zzz

Los "cazaestrés"

Seguramente has oído hablar de los cazafantasmas, pero ¿y de los cazaestrés? Los cazaestrés son estrategias sencillas para despertar los poderes que existen dentro de cada una de nosotras, poderes que a veces olvidamos que tenemos (justo cuando más los necesitamos), como la confianza en nosotras mismas, la serenidad y una fuerza extraordinaria. Estas cualidades trabajan juntas y pueden derrotar al estrés cuando se cruza en tu camino.

A todos nos llega el estrés. Cada situación en la que te encuentras puede ser su causa según cómo elijas vivirla. Aprender algunas técnicas relajantes es una manera infalible de ahuyentar esas sensaciones desagradables que trae el estrés y, al mismo tiempo, te ayudará a utilizar la energía y la adrenalina que te quedan para esforzarte más, alcanzar tus logros y llegar al éxito.

PARA TENER EN CUENTA:

1) Comerte un kilo de bombones no es una buena manera de resolver el estrés. 2) Ver que los pantalones te quedan pequeños produce más estrés. 3) Estresarte por el estrés... nunca es bueno.

Estrategias contra el estrés

Respira. La respiración profunda relaja todo tu cuerpo.
Pon una mano sobre la parte superior de tu abdomen
e inspira profundamente. Trata de expandir el vientre y luego
exhala por la boca, soltando todo el aire. Repite esto de tres
a cinco veces y siente cómo tu cuerpo empieza a relajarse.

Entrena tus pensamientos. A veces, estos se desenfrenan
y te provocan más estrés. En lugar de pensar "Oh, Dios mío",
piensa: "Yo puedo hacer esto". Sé positiva.

Reabastécete. No importa la prisa que tengas, siempre debes
hacerte tiempo para comer. La comida te da energía. Le da
fuerza a tu cerebro. Además, te brinda un recreo. Evita
los dulces, te darán un breve impulso de energía pero luego
te provocarán sueño. Con frutas, vegetales y cereales
tendrás mucha más energía.

Duerme. Necesitas entre ocho y diez horas todas las noches
para sentirte descansada, libre de estrés y lista para
comenzar el día.

¿Estás triste?

Por mucho que trates de dominarlas, tus emociones pueden ganarte. Sí, es verdad que la adolescencia es una etapa muy emotiva. De eso no cabe duda. Pero si gastas demasiado tiempo en una aflicción emocional, esta puede ser más que un cambio de humor, puede convertirse en una depresión. Quizá te sientas deprimida porque algo no salió como esperabas, pero la depresión se convierte en un problema cuando constantemente te encuentras triste e incluso enfadada contigo misma sin ningún motivo real.

Si sospechas que estás deprimida, es muy importante que pidas ayuda. La depresión duele, pero se puede mejorar. No tengas miedo de hablar de ello con alguien: tus padres, un profesor, un médico, un psicólogo. El primer paso consistirá en determinar si estás deprimida y el segundo, en solucionarlo.

PARA TENER EN CUENTA:

1) Cuanto más esperes para pedir ayuda, más tardarás en mejorarte.
2) Consultar con un profesional no significa que estés enferma. Simplemente significa que necesitas que alguien te escuche.

síntomas de la depresión

- sientes tristeza o desesperanza

- has perdido interés en la mayoría de tus actividades

- aumentaste o bajaste demasiado de peso

- duermes mucho o muy poco

- no tienes motivación

- tus calificaciones escolares bajaron

- has empezado a consumir drogas o alcohol

- estás cansada todo el tiempo

- te sientes culpable sin motivo

LA FAMILIA
ES IMPORTANTE

No siempre es fácil llevarse bien con la FAMILIA. Tus PADRES
pueden no entender con exactitud qué significa hoy tener
tu edad. Tus HERMANOS compiten contigo en todo,
por tener mejores calificaciones o por que tu madre
los quiera más. Y te tienes a ti, que a veces quieres correr
lo más lejos posible y otras, ser el CENTRO de atención
de todos.

Aunque a menudo es más fácil cerrar tu puerta, poner
música a todo volumen y pensar en ofrecerte en adopción,
intenta recordar que, pase lo que pase, tu familia es muy
importante. Son quienes mejor te conocen y siempre serán
quienes más te quieran. Por eso, APRENDER a enfrentar
JUNTOS las situaciones que se presenten es ESENCIAL.
En suma: no importa lo distinta que te sientas a veces...
La familia siempre es lo más importante.

las reglas de los padres

A ver, déjame adivinar... tus padres te tratan como
a una niña. Te imponen reglas ridículas a tu criterio
e intentan impedir que hagas las cosas divertidas que hace
todo el mundo. Los padres de tus amigas no actúan así;
¿por qué los tuyos sí? He aquí por qué: así como en estos
tiempos es difícil ser hijo, también es muy difícil ser padre.
El mundo se ha convertido en un lugar peligroso. Tus padres
no te imponen horarios para fastidiarte. Lo hacen
porque te aman y no quieren que te ocurra nada malo.

Hay varias maneras de enfrentar esto. Puedes escaparte
por la ventana y correr el riesgo de quebrarte una pierna.
Puedes mentir a tus padres y sentirte mal por eso. O bien
puedes ser sincera con ellos y decirles lo que sientes,
ganar su confianza y vivir feliz. Dales detalles. Demuéstrales
que pueden confiar en ti. Explícales que, si alguna vez
te encuentras en una situación que te supera, los llamarás.
Crear una buena relación con tus padres te ahorrará
mucho sufrimiento... y tal vez una pierna fracturada.

PARA TENER EN CUENTA:

1) No importa a qué hora te pidan que vuelvas a casa; siempre habrá
alguien que deba volver más temprano. 2) Las reglas son como las
piernas: no es bueno romperlas.

cómo superar la gran "d"

El divorcio es algo que sucede... mucho. Pasa en todo tipo de familias y afecta a todo tipo de hijos. No es algo de lo que haya que avergonzarse. Nadie quiere pasar por el divorcio, pero a veces es la única manera de que las cosas vuelvan a estar bien. Cuando los padres discuten mucho, toda la familia puede sentirse incómoda y desdichada. Si bien el divorcio es triste porque provoca separación, también puede traer calma, porque se terminan las peleas y todos encuentran un poco más de paz.

Los padres deciden divorciarse por muchas razones, pero NUNCA a causa de sus hijos. Nada que hagas como hija puede ser motivo para que tus padres decidan separarse. También debes estar segura de que, aunque tus padres se separen, no significa que te amen menos a ti o a tus hermanos. El divorcio puede acarrear muchos cambios, pero pase lo que pase, el amor de los padres por sus hijos no cambia jamás.

romper el molde

Desde que eras pequeña has aprendido casi todo
de tu familia: cómo comportarte, qué comer,
cómo interactuar con los demás y en qué creer. A medida
que creces y sales al mundo, conoces a distintas personas
y experimentas diferentes cosas. Amplías tu conocimiento,
tu perspectiva y tus creencias.
Al hacerlo, te desarrollas hasta llegar a ser una nueva
persona y vas eligiendo las características que quieres para ti.

A muchos padres esto les resulta muy duro. Tú eres su niñita
y, quizás aun desde antes de que nacieras, tenían
en su mente una imagen de cómo serías. Cuando creces,
algunas de las cosas que valoras pueden ser diferentes
de lo que tus padres esperaban para ti.
Algunos de tus sueños pueden llevarte por un camino
distinto del que ellos querían.

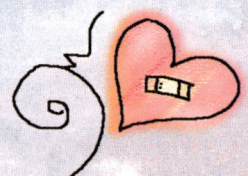

Aprende todo cuanto puedas; expande tus horizontes.
Sé sincera contigo misma en cuanto a tus motivos
para tomar tus propias decisiones. Si en tu corazón sientes
que lo que buscas para ti se parece a lo que desean
tus padres, no lo deseches por simple rebeldía.
Sé también sincera con tu familia. Mientras pongas
el corazón en lo que hagas, estará bien.
Lo único que importa es tu felicidad y eso es lo que más
desean tus padres.

HABLEMOS DE SALUD

Tienes un solo cuerpo. Viene sin garantía, sin instrucciones
y sin segundas oportunidades, de modo que las ELECCIONES
que hagas AHORA son muy IMPORTANTES para tu futuro.

Tu cuerpo necesita pensamientos positivos, mucha atención
y MUCHO AMOR. También necesita comida y agua.
No es mucho pedir, ¿no crees?
A tu cuerpo no le importa lo que hagan los demás:
sólo le importa él mismo. Podrá parecerte un poco egoísta
y tu cuerpo te pide disculpas por ello, pero quiere vivir tanto
TIEMPO y con tanta SALUD como sea posible.
Entonces, haz todo lo que puedas para vivir con tu cuerpo
feliz por siempre jamás.

toma conciencia de tu salud

Además de los otros cambios que se están produciendo
en tu cuerpo, tu metabolismo también está cambiando.
Eso significa que no estás quemando calorías con tanta
rapidez como antes. Por lo tanto, para mantener tu cuerpo
sano, tal vez sea necesario que cambies tus hábitos
de alimentación y ejercicio (aquí va una GRAN protesta tuya.)

La idea no es eliminar de tu dieta todos los azúcares,
grasas y carbohidratos, sino intentar limitarlos y consumir
más proteínas. Si quieres bajar unos kilos, quizás no sea
necesario que hagas dieta, simplemente que comas más
sano. Ah, y no te olvides de hacer ejercicio (otra GRAN
PROTESTA aquí). Puedes caminar, correr, andar en bicicleta,
bailar, nadar o hacer cualquier actividad física que aumente
tu ritmo cardíaco y te haga sudar.

Cuando combines una alimentación saludable con algún
ejercicio hecho tres o cuatro veces por semana, no sólo
verás la diferencia al mirarte en el espejo, sino que además
observarás un cambio en tu actitud y en tu energía.
Cuando tu cuerpo está feliz y sano, todo tu ser cosecha
los beneficios.

la contaminación corporal

Hay cierta curiosidad que viene a medida que una crece,
cierto deseo de experimentación. La cuestión es que,
antes de meter en tu cuerpo algo ajeno a él, como humo
de cigarrillo, alcohol o drogas, deberías averiguar lo más
posible sobre ellos y sobre los efectos que pueden provocar
en ti. Que no te baste saber que muchos lo hacen. Cada
cuerpo reacciona de manera distinta a ciertas sustancias.
No hay manera de saber cómo reaccionará tu cuerpo
al tabaco, al alcohol o a las drogas. El solo hecho de probar
algo una vez puede afectarte más de lo que crees.
Tú eres la única que decide si vale la pena correr el riesgo.

Los riesgos del alcohol o las drogas van más allá
de los efectos físicos inmediatos. Una vez que caes bajo
su influencia, no puedes saber qué pasará.
No podrás controlarlo, por mucho que lo creas. Una vez
que eliges introducir en tu cuerpo una sustancia extraña,
le das permiso para que te domine.

PARA TENER EN CUENTA:

1) El tabaco mata a más de un millón de personas cada año.
2) Los chicos que consumen drogas supuestamente menos peligrosas,
como el tabaco y el alcohol, tienen muchas más probabilidades
de llegar a consumir cocaína y otras drogas más duras.

¿qué te carcome?

No hay forma de suavizar este tema para no asustarte.
De hecho, quiero que te asustes. Quiero que sepas
que los trastornos alimenticios pueden matarte.
Es la cruda realidad. Cuando lo que pesas y lo que comes
te obsesionan, tienes un problema y es necesario que hagas
algo antes de que sea demasiado tarde.

Muchas chicas piensan que tienen total dominio sobre
sus hábitos alimenticios. Hacen dieta pero no creen padecer
un trastorno de la alimentación. No se ven enfermas, aunque
la mayoría de estos trastornos empiezan como simples dietas,
de las que después se pierde el control.

Verse bien es una presión enorme sobre las adolescentes,
de modo que es muy fácil obsesionarse con cosas tales
como cuánto se pesa o qué talla de pantalón se usa.
Es muy fácil pasarse del límite y caer en un trastorno
alimenticio; es triste, pero muy común entre las jóvenes.
Conocer los síntomas y comprender la gravedad de estos
trastornos puede ayudar a salvar una vida.

PARA TENER EN CUENTA:

1) Necesitas comida para vivir. 2) Una hoja de lechuga o unos copos
de maíz no conforman una comida. 3) Si crees que sí bastan, pide ayuda.

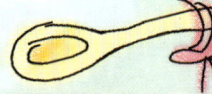

trastornos comunes
de la alimentación

anorexia nerviosa: consiste en negarse a comer, hasta
el punto de llegar a la inanición. Por lo general, la persona
es muy delgada pero tiene una visión distorsionada
de sí misma y se ve gorda.

bulimia nerviosa: comer demasiado y sentirse descontrolada;
deshacerse luego de lo que se comió vomitando o tomando
laxantes y/o diuréticos.

sobrealimentación compulsiva: comer en exceso,
lo que conduce a la obesidad. Por lo general, la persona hace
dietas rápidas y pierde peso, pero poco después vuelve
a los atracones de comida.

Una persona que padece un trastorno de la alimentación
puede...
tener una fijación con la comida, con las calorías, el comer,
las dietas, el peso y la forma de su cuerpo;
sentirse gorda a pesar de haber perdido mucho peso;
hacer dieta o ejercicios en exceso;
comer a solas o a escondidas, ocultar comida, disimular
el aumento o la reducción de peso;
ingerir grandes cantidades de comida en poco tiempo;
purgarse después de comer;
esforzarse por hacer todo a la perfección;
apartarse de la familia y de los amigos;
sentirse culpable después de comer.

Gladys Folkers, MA, y Jeanne Engelmann

al mal tiempo... buena cara

Podrías jurar que tus granitos o tu acné tienen mente, pulso y latidos propios, además de sus propios motivos para plantarse en tu cara en los peores momentos. Lamentablemente, esto es parte de la vida. Y como no nos avisan con mucha anticipación cuándo van a visitarnos, debes saber cómo tratarlos cuando lleguen y qué puedes hacer para evitar que vuelvan.

Lo que metes en tu cuerpo tarde o temprano se reflejará en los poros de tu piel. Por lo tanto, mantenerte lejos de las grasas y beber mucha agua son buenas maneras de limitar la cantidad de erupciones en tu rostro.

Cuando aparezcan los síntomas del acné, no intentes hacerlos desaparecer con tus dedos. Es importante que mantengas la epidermis limpia, pero si te aplicas varias capas de medicamento se te secará la piel e incluso se te pueden producir más brotes. Elige lo más simple. Si no da resultado y sientes que esto está arruinando tu vida, haz una cita con un dermatólogo o habla con tu médico de cabecera para que te recete un medicamento especial.

¿qué? ¿cómo? ¿cuándo? ¿dónde? ¿por qué?

Tienes derecho de preguntar lo que necesites para saber todo lo posible sobre tu cuerpo. Si algo te parece que está mal, debes saber cómo solucionarlo.

Claro que puede resultarte difícil decir ciertas palabras sin reprimir una sonrisa o sentirte incómoda por dentro, pero el solo hecho de que ciertos temas te pongan incómoda no significa que esté mal preguntar al respecto. Nadie perderá la compostura por tus preguntas: ni tus padres, ni médicos, farmacéuticos o psicólogos.

Esfuérzate por averiguar todo lo posible sobre tu cuerpo y sobre cómo funciona... Si alguna vez tienes una duda o una pregunta sobre alguna de estas cosas, consulta, investiga, llama... haz lo que sea para estar informada.

Y asegúrate de tener un médico con quien te sientas cómoda.

una visita difícil

La idea de visitar a un ginecólogo es algo que a ninguna mujer le gusta mucho. Pero es una de esas cosas "maravillosas" que implica el hecho de ser una chica (como si no bastaran el síndrome premenstrual y los dolores menstruales).

Aunque pueda no ser la más placentera de las experiencias, la visita al ginecólogo tiene muchísimo que ver con la salud. La mayoría de los expertos concuerdan en que si tienes más de 18 años o antes, si has iniciado tu vida sexual, debes visitar a un ginecólogo una vez al año. También debes ir si sientes algo extraño.

Durante la visita, hablarás con tu doctor o doctora (tal vez te sea más fácil elegir a una ginecóloga para estas primeras veces) de tu historial médico y de cualquier otra inquietud que tengas. Puedes preguntarle acerca de métodos anticonceptivos, enfermedades de transmisión sexual o cualquier otra cosa que tengas en mente. Y no te preocupes: todo lo que hables con tu médico quedará entre tú y él.

hacerlo o no hacerlo

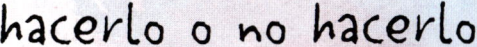

No importa si todo el mundo lo hace o si no lo hace nadie.
Lo que importa es lo que tú sientes, cómo te sentirás
mañana y dentro de cinco años, cuando lo recuerdes.
No se trata de tu novio, de tus padres ni de tu mejor amiga.
Se trata de ti: de tu mente, tu corazón y tu cuerpo.

Tener relaciones sexuales no es sólo una cosa del momento:
importan las miles de cosas que vienen después. Piensa
en todos los riesgos que implica aun antes de que llegue
el momento... Y sí, son muchos. Hay una infinidad
de enfermedades de transmisión sexual que, una vez
que las tienes, no se curan... O podrías quedar embarazada,
para lo cual es muy probable que no estés preparada.
Cabe la posibilidad de que te arrepientas después
y ya no puedas deshacer lo hecho. Puede ser que,
mientras tú piensas en la parte emocional, él piense más
en la física. Créeme, la lista continúa.
Toma tus propias decisiones acerca de las cosas
para las que estás preparada o no.
Es verdad que estás creciendo y haces tus propias elecciones.
Pero no olvides que cuando creces no sólo tienes
la libertad de tener relaciones sexuales...
también eres libre para decir que no.

PARA TENER EN CUENTA:

1) Los dos minutos que pasas esperando el resultado de la prueba
de embarazo no valen ninguno de los minutos previos. 2) Cuando de
verdad te enamores, quizá desees poder borrar a todos los anteriores.
3) No puedes borrarlos.

CHICA DE PORTADA

Esas chicas que ves en la portada de las revistas
de moda pueden parecerte increíblemente perfectas, pero
su aspecto suele ser muy engañoso. Todo está en la magia
de la edición, la ropa interior que levanta el pecho, la que
aplana el abdomen y cualquier otra cosa que usen para
hacernos creer que la "persona perfecta" en verdad existe.

Crecemos pensando que las supermodelos y estrellitas
son la definición de la belleza. Este mundo sería un lugar
mucho mejor si en vez de decirnos la marca del vestido
de la modelo o el tono de su pelo nos informaran con qué
desayuna.

Lamentablemente, el mundo no funciona de esa manera,
de modo que debemos sacar nuestras propias conclusiones
cuando miramos revistas y programas de televisión
(además de mantener la cordura y reírnos un poco).
Recuerda todo esto la próxima vez que veas un "cuerpo
perfecto" y desees que el tuyo sea así. Lo más probable
es que no sea perfecto o que su dueña pase mucha hambre.

encuesta entre chicos

Si bien las chicas de portada de revista o las del tipo *Barbie*,
son agradables a la vista, de ninguna manera son aquellas
con quienes la mayoría de los hombres desearía salir.
Los chicos quieren una chica de verdad... una chica que
coma algo más que dos hojas de lechuga...
alguien que tenga más que una cara bonita para ofrecer.
Sueñan con una chica con la que puedan mostrarse
tal como son y que, a la vez, se muestre tal como es.
Por lo tanto, no te inquietes por la posibilidad de que
tus imperfecciones menores te dejen sola y sin novio.
Ser tú misma y ser auténtica te coloca en los primeros
puestos de cualquier encuesta.

Resumiendo:
todo depende de... ti

cómo quererte un poquito más

Haz una lista de tus mejores cualidades y cuélgala
en tu espejo para verla todos los días mientras te preparas
para salir.

Alquila tu película favorita e invita a algunos
de tus mejores amigos para verla.

Come una manzana en el almuerzo en lugar de un plato
de patatas fritas.

Haz un álbum con fotos familiares. Cuando algún
miembro de tu familia te fastidie, recuerda el álbum
y los buenos momentos compartidos.

El lunes prepara una lista de todo lo que necesitas hacer
durante la semana. El viernes, si hiciste todo lo que había
en la lista, regálate algo especial.

Invita a varias amigas a dormir a tu casa. Que todas
traigan mascarillas para la limpieza del cutis,
esmalte de uñas, accesorios para el pelo y cualquier otra
cosa para una noche de belleza.

En lugar de leer una revista de modas, lee una sobre algo
de lo que no sepas nada.

Haz algo bueno por alguien. Comparte unas galletas caseras o invita con tu almuerzo a una compañera, si ha olvidado el suyo. Te hará sentir bien contigo misma y también hará sentir bien a la otra persona.

Habla con alguien nuevo en el colegio. Quién sabe, podrías encontrar un nuevo amigo.
En lugar de comprar la misma blusa negra que tiene todo el mundo, cómprate una distinta en un color brillante e inicia una nueva moda.
Haz una afirmación positiva como "Puedo hacer cualquier cosa". Repítela siempre que te sientas asustada o insegura.
Crea tu propio sitio en la web. Incluye tus fotos favoritas junto con una lista de tus aficiones, sueños y otras cosas divertidas que hayas hecho. Considéralo tu lugar personal para levantar tu autoestima en el ciberespacio.

sigue tus sueños

Muchas veces es difícil escuchar tus propios pensamientos
mientras tus padres te aconsejan, tus profesores te advierten,
tus amigas te cuentan y todos creen que deben darte
su opinión. Es muy fácil quedar atrapada en lo que otros
piensan como lo mejor para ti y, más fácil aún, perderte
en los sueños de otros.

¿Qué quieres tú? Tu respuesta probablemente sea
una variante de: "¿Cómo demonios voy a saberlo?"
Tal vez lo sepas en tu corazón. Quizá piensas que tu sueño
es tan difícil que jamás podrás cumplirlo. Puede ser algo
poco común o no muy aceptado por la gente de tu edad
y por eso te da vergüenza intentarlo. Tal vez sea todo
lo contrario de lo que tus padres esperan para ti y temes
herir sus sentimientos. O quizá realmente no tengas idea
de lo que quieres. Sea cual fuere tu respuesta, sea cual fuere
tu sueño o cuál será algún día, hazte un favor y asegúrate
de que, antes que nada, sea tuyo. Sueña tus propios sueños y,
cuando se cumplan, te alegrarás de haberlo hecho.

PARA TENER EN CUENTA

1) Si sigues el camino de otro, lo más probable es que un día
des media vuelta y tengas que volver a andar desde el principio.
2) Nada es imposible.
3) ¡SUEÑA EN GRANDE!

Para tener en cuenta:

_____

_____

_____

_____

_____

_____

_____

_____

_____

_____

_____

_____

_____

_____

_____

_____

_____

Cosas que me hacen sentir bien:

Mis mejores cualidades:

_____

_____

_____

_____

_____

_____

_____

_____

_____

_____

_____

_____

_____

_____

_____

_____

_____

_____

_____

_____

 Cosas de las que estoy orgullosa:

Otros libros para regalar

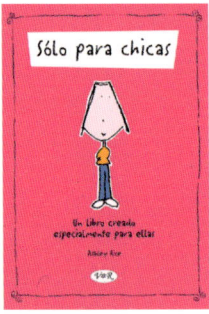

Sólo para chicas

El poder de las chicas

Sólo para mi amor

Sólo para amigas

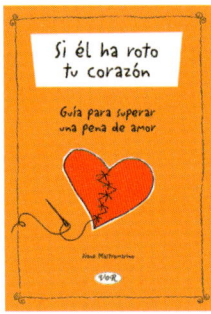

Si él ha roto
tu corazón

Para una chica
ganadora

Para mi hija
que ha crecido

El libro de la
Media Luna

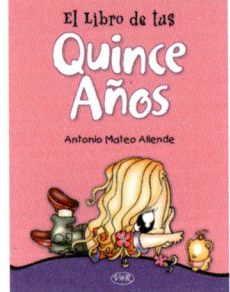

El libro de
tus Quince Años

¡Tu opinión nos interesa!

Escríbenos un e-mail a miopinion@libroregalo.com con el título de este libro en el "Asunto".

Entre todos los e-mails recibidos cada mes sortearemos dos libros de esta colección.

Los nombres de las ganadoras aparecerán en nuestra página web: www.libroregalo.com